La Coleccionista de Nubes: Cuentos Bilingües Inglés-Español

My Pommeline

Published by My Pommeline, 2024.

While every precaution has been taken in the preparation of this book, the publisher assumes no responsibility for errors or omissions, or for damages resulting from the use of the information contained herein.

LA COLECCIONISTA DE NUBES: CUENTOS BILINGÜES INGLÉS-ESPAÑOL

First edition. October 19, 2024.

ISBN: 979-8227744012

Written by My Pommeline.

Table of Contents

The Invisible Pet

Once upon a time, in a small town called Wiggly Woods, there lived a young boy named Oliver. Oliver was not like other boys. While his friends played with their shiny toys and raced their bicycles, Oliver often preferred to sit under the big oak tree in his backyard, daydreaming about exciting adventures. He had a wild imagination that took him to magical lands filled with dragons, fairies, and, most importantly, pets.

One sunny afternoon, while Oliver was lounging beneath the oak tree, something peculiar happened. He felt a tickling sensation on his arm. He looked around but saw nothing. Confused, he shrugged it off and continued to daydream. But the tickling returned, and this time it was followed by a soft, whispery voice.

"Hello there!" the voice said.

Oliver jumped up, scanning the area. "Who's there?" he asked, bewildered.

"It's me! Your invisible pet!"

Oliver's eyes widened. "Invisible pet?"

"Yes! I'm right here, but you can't see me," the voice giggled.

Oliver realized he had discovered something extraordinary. He extended his hand, and to his surprise, he felt something soft and fluffy brush against his palm. He laughed in delight. "What's your name?" he asked.

"I'm called Wobble," the voice chimed. "I'm an invisible creature, and only you can see me!"

From that moment on, Oliver and Wobble became the best of friends. Wobble was not only invisible but also quite mischievous. He loved to play tricks, like hiding Oliver's shoes or making the chairs wobble just when someone was about to sit down. The more time Oliver spent with Wobble, the closer they grew, sharing secrets and laughter that only they could understand.

However, not everyone was thrilled about Oliver's newfound friendship. His parents began to worry.

"Oliver, you need to stop talking to your imaginary friend," his mom said one evening as they sat at the dinner table. "You're getting too old for this nonsense."

"He's not imaginary!" Oliver insisted, his face turning red. "Wobble is real!"

His dad chuckled. "Son, we all had imaginary friends when we were little. It's a phase. You'll grow out of it."

But Oliver didn't mind their disbelief. Wobble made him feel special, and together, they had so many adventures. They explored hidden corners of the town, had picnics in the park, and even played pranks on the grumpy neighbor, Mr. Grumble.

One day, as Oliver and Wobble were planning their biggest prank yet—a surprise water balloon ambush on Mr. Grumble—a commotion erupted down the street. A group of children was gathered around, pointing at something in the sky.

"What's happening?" Oliver asked, running over to see.

A massive balloon shaped like a giant dinosaur had broken loose and was soaring toward the town's old clock tower, where it was headed straight for the busy street below! The children gasped in fear, and Oliver's heart raced. He knew something had to be done quickly.

"I can't let it crash!" Oliver exclaimed, feeling a wave of determination. "Wobble, can you help me?"

"Of course! We can do this together!" Wobble cheered.

Just then, Wobble's invisible form zipped through the air. Oliver felt a rush of energy surge through him, and he sprinted toward the clock tower, trusting Wobble's guidance. He arrived just in time to see the balloon teetering above the crowd, ready to plummet.

"Everyone, step back!" Oliver shouted, surprising himself with his courage. The crowd turned to him, puzzled by the boy who seemed to be speaking to thin air.

Oliver closed his eyes and took a deep breath. He imagined Wobble swooping in to save the day. Suddenly, with an unexpected burst of energy, he raised his hands high above his head. Wobble flew around the balloon, creating a whirlwind of air that pushed it away from the people below.

"Keep going, Wobble! You can do it!" Oliver cheered, his heart racing.

The balloon swerved, rising higher and higher, until it finally drifted harmlessly away over the park, far from the frightened crowd. Cheers erupted from the children, who had witnessed the boy save the day, even if they couldn't see his partner in crime.

Oliver turned to see the astonished faces of his parents among the crowd. "I told you he was real!" he shouted, a triumphant grin spreading across his face.

After that day, everything changed. Oliver's family began to see him in a new light. They realized that his invisible pet wasn't just a figment of his imagination; Wobble was a true friend who encouraged him to be brave and believe in himself.

As the weeks passed, Wobble continued to be by Oliver's side, and they shared countless adventures. Though Wobble remained invisible to everyone else, Oliver knew he had something special—a bond that was more real than anything else in the world.

And so, Oliver learned that believing in yourself and embracing the power of imagination could create wonders. Because sometimes, the most extraordinary friends are the ones you can't see.

La Mascota Invisible

Érase una vez, en un pequeño pueblo llamado Wiggly Woods, vivía un joven llamado Oliver. Oliver no era como los otros chicos. Mientras sus amigos jugaban con sus juguetes brillantes y corrían en bicicleta, Oliver a menudo prefería sentarse debajo del gran roble en su patio trasero, soñando despierto con emocionantes aventuras. Tenía una imaginación desbordante que lo transportaba a tierras mágicas llenas de dragones, hadas y, lo más importante, mascotas.

Una tarde soleada, mientras Oliver descansaba bajo el roble, sucedió algo peculiar. Sintió una cosquilleo en su brazo. Miró a su alrededor, pero no vio nada. Confundido, lo ignoró y continuó soñando despierto. Pero la cosquilleo regresó, y esta vez fue seguido por una suave y susurrante voz.

"¡Hola!" dijo la voz.

Oliver saltó, escaneando el área. "¿Quién está ahí?" preguntó, desconcertado.

"¡Soy yo! ¡Tu mascota invisible!"

Los ojos de Oliver se abrieron de par en par. "¿Mascota invisible?"

"¡Sí! Estoy justo aquí, pero no puedes verme," rió la voz.

Oliver se dio cuenta de que había descubierto algo extraordinario. Extendió su mano y, para su sorpresa, sintió algo suave y esponjoso rozar su palma. Se rió de alegría. "¿Cuál es tu nombre?" preguntó.

"Me llamo Wobble," dijo la voz. "¡Soy una criatura invisible y solo tú puedes verme!"

Desde ese momento, Oliver y Wobble se convirtieron en los mejores amigos. Wobble no solo era invisible, sino también bastante travieso. Le encantaba hacer trucos, como esconder los zapatos de Oliver o hacer que las sillas temblaran justo cuando alguien estaba a punto de sentarse. Cuanto más tiempo pasaba Oliver con Wobble, más se acercaban, compartiendo secretos y risas que solo ellos podían entender.

Sin embargo, no todos estaban entusiasmados con la nueva amistad de Oliver. Sus padres empezaron a preocuparse.

"Oliver, necesitas dejar de hablar con tu amigo imaginario," dijo su madre una noche mientras estaban en la mesa de la cena. "Ya estás demasiado grande para estas tonterías."

"¡No es imaginario!" insistió Oliver, sonrojándose. "¡Wobble es real!"

Su padre se rió. "Hijo, todos tuvimos amigos imaginarios cuando éramos pequeños. Es una etapa. Te cansarás de ello."

Pero a Oliver no le importaba su escepticismo. Wobble lo hacía sentir especial y juntos vivieron muchas aventuras. Exploraron rincones ocultos del pueblo, tuvieron picnics en el parque e incluso le hicieron travesuras al vecino gruñón, el Sr. Grumble.

Un día, mientras Oliver y Wobble estaban planeando su mayor broma hasta el momento—una emboscada sorpresa con globos de agua al Sr. Grumble—se desató un alboroto en la calle. Un grupo de niños se había reunido, señalando algo en el cielo.

"¿Qué está pasando?" preguntó Oliver, corriendo para ver.

Un enorme globo en forma de dinosaurio gigante se había soltado y estaba surcando hacia la antigua torre del reloj del pueblo, ¡donde se dirigía directamente a la calle concurrida de abajo! Los niños se quedaron boquiabiertos de miedo y el corazón de Oliver latía con fuerza. Sabía que algo debía hacerse rápidamente.

"¡No puedo dejar que se estrelle!" exclamó Oliver, sintiendo una ola de determinación. "¡Wobble, ¿puedes ayudarme?"

"¡Por supuesto! ¡Podemos hacerlo juntos!" animó Wobble.

Justo entonces, la forma invisible de Wobble se lanzó por el aire. Oliver sintió una oleada de energía recorrerlo, y corrió hacia la torre del reloj, confiando en la guía de Wobble. Llegó justo a tiempo para ver el globo tambalearse sobre la multitud, listo para caer.

"¡Todos, retrocedan!" gritó Oliver, sorprendiéndose a sí mismo con su valentía. La multitud se volvió hacia él, desconcertada por el niño que parecía hablar con el aire.

Oliver cerró los ojos y respiró hondo. Imaginó a Wobble swoopeando para salvar el día. De repente, con un estallido inesperado de energía, levantó las manos por encima de su cabeza. Wobble voló alrededor del globo, creando un torbellino de aire que lo empujó lejos de la gente de abajo.

"¡Sigue, Wobble! ¡Tú puedes hacerlo!" animó Oliver, con el corazón acelerado.

El globo se desvió, subiendo más y más, hasta que finalmente se alejó sin peligro sobre el parque, lejos de la multitud asustada. Estallaron vítores de los niños que habían presenciado cómo el niño salvaba el día, incluso si no podían ver a su compañero en el crimen.

Oliver se dio vuelta para ver las caras asombradas de sus padres entre la multitud. "¡Te dije que era real!" gritó, con una sonrisa triunfante en su rostro.

Después de ese día, todo cambió. La familia de Oliver comenzó a verlo con otros ojos. Se dieron cuenta de que su mascota invisible no era solo un producto de su imaginación; Wobble era un verdadero amigo que lo alentaba a ser valiente y a creer en sí mismo.

A medida que pasaban las semanas, Wobble continuó a su lado, y compartieron innumerables aventuras. Aunque Wobble seguía siendo invisible para los demás, Oliver sabía que tenía algo especial: un vínculo que era más real que cualquier otra cosa en el mundo.

Y así, Oliver aprendió que creer en uno mismo y abrazar el poder de la imaginación podía crear maravillas. Porque a veces, los amigos más extraordinarios son aquellos que no puedes ver.

The Naughty Witch and the Lost Broom

In a crooked little cottage at the edge of Whimsical Woods, there lived a mischievous witch named Grizzle. Grizzle was no ordinary witch; she had wild hair that danced like fire, a nose that wiggled whenever she was up to no good, and a cackle that could make even the bravest of souls shiver. She loved playing pranks on the villagers of Stumbleton, who often found themselves the victims of her wicked tricks.

One bright and sunny morning, Grizzle woke up feeling particularly cheeky. "Today is the day for some delightful mayhem!" she exclaimed, stretching her arms wide. After breakfast, she grabbed her shiny broomstick, which sparkled with a hint of magic. "Let's see what trouble we can stir up today!"

But just as Grizzle was about to fly off into the sky, something unusual happened. Her broomstick, usually eager to take flight, suddenly went limp. "What's the matter with you?" Grizzle huffed, kicking the broomstick. "Stop being so lazy!"

In response, the broom gave a feeble wiggle and fell over. Grizzle frowned. "Fine! I'll just give you a good shake!" She pulled the broomstick up and shook it vigorously. To her shock, it slipped right from her grasp, spinning out of control, and zoomed off into the distance!

"No! Come back!" she screeched, but it was too late. Her broomstick was gone, and she was left standing in her cottage with a pout.

"What now?" she grumbled. "I suppose I'll have to walk like a normal person!"

With a huff, Grizzle set off toward the village, determined to cause some mischief without her broom. But walking was much slower than flying, and she quickly grew bored.

As she strolled down the cobbled path, Grizzle spotted Mrs. Bumblebee, the kind old lady who ran the village bakery. "I'll make her jump!" she thought. Sneaking up behind her, Grizzle let out a loud "BOO!"

Mrs. Bumblebee shrieked, dropping a tray of freshly baked muffins. They splattered all over the ground. "Oh, dear!" she gasped, looking horrified. Grizzle cackled, "You should watch where you're going, you old bat!"

Feeling satisfied, Grizzle continued her journey, but her next prank didn't go as planned. She spotted Mr. Tinkertop, the village clockmaker, carefully fixing a large clock in his shop window. "Let's see how he likes a little mischief!" Grizzle thought.

She crept up to his shop and waved her hands dramatically. Suddenly, all the clocks in the shop began to tick backward! "What in the name of time is happening?" Mr. Tinkertop exclaimed, scratching his head in confusion.

Grizzle couldn't help herself; she burst into laughter. But as she turned to leave, she bumped into a lamppost and fell flat on her backside. "Ouch!" she squeaked.

By now, Grizzle was feeling a bit tired of all the running and mischief. "Maybe being a normal person isn't so great after all," she muttered to herself. Just then, she noticed a group of children playing in the square. They were laughing and having a wonderful time, and Grizzle couldn't resist joining in.

She strutted over, a mischievous grin on her face. "Hello, little ones! Want to see a magic trick?"

The children stared at her, wide-eyed but also a little wary. "Are you a witch?" one brave little girl asked.

"Yes, indeed!" Grizzle replied, puffing out her chest. "And I can make your toys dance!"

With a flick of her fingers, she sent the children's wooden dolls twirling and spinning in mid-air. The children squealed with delight, clapping their hands. "More, more!" they cried.

But just as she was about to do another trick, she heard a loud crash nearby. It was Mr. Grumpy, the town's grumpiest resident, who had tripped over a rock while carrying a basket of vegetables. "What's the meaning of this ruckus?" he barked, glaring at Grizzle.

"Oh dear!" she exclaimed, feeling a little guilty. The children quickly scattered, fearing Mr. Grumpy's wrath. Grizzle felt a pang of regret. She had come to entertain, but all she had done was scare everyone.

Determined to make amends, Grizzle rushed over to Mr. Grumpy, who was trying to pick up his spilled vegetables. "Let me help you!" she offered, surprising herself with her kindness.

"Why would you want to help me?" he grumbled, frowning at her.

"Because," Grizzle said, "I want to be nice, for a change!"

With that, Grizzle began picking up the vegetables. The old man watched in disbelief as she helped him gather his carrots, potatoes, and cabbages. "Well, this is rather unexpected," he muttered, a hint of a smile creeping onto his face.

When they had finished, Mr. Grumpy looked at Grizzle and said, "Thank you, witch. That was... kind of you."

The words warmed Grizzle's heart, and for the first time, she felt something strange—like happiness, but different. "Maybe being nice isn't so bad after all," she thought.

With the children peeking out from behind the trees, Grizzle turned to them. "Would you like to see some more magic?" she asked, her eyes twinkling with excitement.

"Yes!" they shouted, cheering her on.

This time, instead of mischief, Grizzle decided to perform kind magic. She made flowers bloom with vibrant colors and turned her laughter into sweet music that danced through the air. The children clapped and laughed, and Mr. Grumpy even joined in, tapping his foot to the rhythm.

As the sun began to set, Grizzle felt something shift inside her. She didn't need her broomstick to create magic; the true magic came from being kind and bringing joy to others.

Finally, as she waved goodbye to the village and the children, she spotted a glimmer in the distance. Could it be?

"Wobble!" she squealed, spotting her broomstick stuck in the branches of a tall tree. "There you are, you naughty thing!"

With a flick of her wrist, the broom flew down, landing softly at her feet. But this time, instead of flying away for more mischief, Grizzle decided to take a different path.

From that day on, the villagers of Stumbleton welcomed Grizzle, not as a naughty witch, but as a friend. And she learned that while mischief was fun, nothing compared to the warmth of kindness and laughter shared with others.

La Bruja Traviesa y la Escoba Perdida

En una torcidita cabaña al borde del Bosque Caprichoso, vivía una bruja traviesa llamada Grizzle. Grizzle no era una bruja común; tenía un cabello salvaje que danzaba como fuego, una nariz que se movía cada vez que tramaba algo malo, y una risa estruendosa que podía hacer temblar hasta a las almas más valientes. Le encantaba hacer bromas a los aldeanos de Stumbleton, que a menudo se convertían en las víctimas de sus trucos malvados.

Una brillante y soleada mañana, Grizzle se despertó sintiéndose particularmente traviesa. "¡Hoy es el día para un poco de deliciosa locura!" exclamó, estirando los brazos. Después del desayuno, tomó su brillante escoba, que brillaba con un toque de magia. "¡Veamos qué problemas podemos causar hoy!"

Pero justo cuando Grizzle estaba a punto de volar hacia el cielo, algo inusual ocurrió. Su escoba, que normalmente estaba ansiosa por despegar, de repente se volvió flácida. "¿Qué te pasa?" resopló Grizzle, pateando la escoba. "¡Deja de ser tan perezosa!"

En respuesta, la escoba dio un leve movimiento y se cayó. Grizzle frunció el ceño. "¡Está bien! ¡Solo te daré un buen sacudón!" Levantó la escoba y la sacudió con fuerza. Para su sorpresa, se le escapó de las manos, girando descontroladamente y alejándose rápidamente.

"¡No! ¡Vuelve!" gritó, pero era demasiado tarde. Su escoba se había ido, y ella se quedó en su cabaña con un puchero.

"¿Y ahora qué?" murmuró. "Supongo que tendré que caminar como una persona normal."

Con un resoplido, Grizzle se dirigió hacia la aldea, decidida a causar algo de travesura sin su escoba. Pero caminar era mucho más lento que volar, y rápidamente se aburrió.

Mientras paseaba por el camino de adoquines, Grizzle vio a la señora Bumblebee, la amable anciana que dirigía la panadería del pueblo. "¡Le haré dar un susto!" pensó. Acercándose sigilosamente por detrás, Grizzle soltó un fuerte "¡BU!"

La señora Bumblebee gritó, dejando caer una bandeja de muffins recién horneados. Se esparcieron por todo el suelo. "¡Oh, cielos!" exclamó, horrorizada. Grizzle se rió a carcajadas, "¡Deberías mirar por dónde vas, viejita!"

Sintiéndose satisfecha, Grizzle continuó su camino, pero su próxima broma no salió como esperaba. Vio al señor Tinkertop, el relojero del pueblo, arreglando cuidadosamente un gran reloj en la vitrina de su tienda. "¡Veamos cómo le gusta un poco de travesura!" pensó Grizzle.

Se acercó a su tienda y movió las manos de manera dramática. ¡De repente, todos los relojes de la tienda comenzaron a marcar el tiempo hacia atrás! "¿Qué demonios está pasando?" exclamó el señor Tinkertop, rascándose la cabeza con confusión.

Grizzle no pudo contenerse; estalló en risas. Pero al girar para irse, chocó con un farol y cayó de espaldas. "¡Ay!" chilló.

Para entonces, Grizzle se sentía un poco cansada de todo el correr y las travesuras. "Quizás ser una persona normal no es tan genial después de todo," murmuró para sí misma. Justo en ese momento, notó a un grupo de niños jugando en la plaza. Se estaban riendo y pasándola muy bien, y Grizzle no pudo resistir unirse a ellos.

Se acercó con una sonrisa traviesa en el rostro. "¡Hola, pequeños! ¿Quieren ver un truco de magia?"

Los niños la miraron, con los ojos muy abiertos, pero también un poco cautelosos. "¿Eres una bruja?" preguntó una valiente niña.

"¡Sí, efectivamente!" respondió Grizzle, hinchando el pecho. "¡Y puedo hacer que sus juguetes bailen!"

Con un movimiento de sus dedos, hizo que las muñecas de madera de los niños giraran y dancaran en el aire. Los niños gritaban de alegría, aplaudiendo. "¡Más, más!" gritaban.

Pero justo cuando estaba a punto de hacer otro truco, escuchó un fuerte estruendo cerca. Era el señor Gruñón, el residente más malhumorado del pueblo, que había tropezado con una piedra mientras cargaba una cesta de verduras. "¿Qué significa este alboroto?" gritó, mirando a Grizzle con desdén.

"¡Oh, cielos!" exclamó, sintiéndose un poco culpable. Los niños rápidamente se dispersaron, temiendo la ira del señor Gruñón. Grizzle sintió un punzón de arrepentimiento. Había venido a entretener, pero todo lo que había hecho fue asustar a todos.

Decidida a enmendarlo, Grizzle se acercó al señor Gruñón, que trataba de recoger sus verduras derramadas. "¡Déjame ayudarte!" ofreció, sorprendiéndose a sí misma con su amabilidad.

"¿Por qué querrías ayudarme?" gruñó, frunciendo el ceño hacia ella.

"Porque," dijo Grizzle, "¡quiero ser amable, por una vez!"

Con eso, Grizzle comenzó a recoger las verduras. El anciano la miró con incredulidad mientras ella lo ayudaba a recoger sus zanahorias, papas y repollos. "Bueno, esto es bastante inesperado," murmuró, dejando escapar una ligera sonrisa.

Cuando terminaron, el señor Gruñón miró a Grizzle y dijo: "Gracias, bruja. Eso fue... amable de tu parte."

Las palabras calentaron el corazón de Grizzle, y por primera vez sintió algo extraño—como felicidad, pero diferente. "Quizás ser amable no es tan malo después de todo," pensó.

Con los niños asomándose detrás de los árboles, Grizzle se volvió hacia ellos. "¿Quieren ver más magia?" preguntó, sus ojos brillando de emoción.

"¡Sí!" gritaron, animándola.

Esta vez, en lugar de travesura, Grizzle decidió hacer magia amable. Hizo que las flores florecieran con colores vibrantes y convirtió su risa en música dulce que danzaba por el aire. Los niños aplaudieron y rieron, y el señor Gruñón incluso se unió, moviendo su pie al ritmo.

A medida que el sol comenzaba a ponerse, Grizzle sintió algo cambiar dentro de ella. No necesitaba su escoba para crear magia; la verdadera magia provenía de ser amable y traer alegría a los demás.

Finalmente, mientras se despidió del pueblo y de los niños, vio un destello a lo lejos. ¿Podría ser?

"¡Wobble!" gritó, viendo su escoba atrapada en las ramas de un árbol alto. "¡Ahí estás, traviesa!"

Con un movimiento de muñeca, la escoba voló hacia abajo, aterrizando suavemente a sus pies. Pero esta vez, en lugar de volar hacia más travesuras, Grizzle decidió tomar un camino diferente.

Desde ese día, los aldeanos de Stumbleton recibieron a Grizzle, no como una bruja traviesa, sino como una amiga. Y ella aprendió que aunque las travesuras eran divertidas, nada se comparaba con la calidez de la amabilidad y las risas compartidas con los demás.

The Helpful Hedgehog

In the heart of Berrywood Forest, there lived a kind and thoughtful hedgehog named Hugo. Hugo wasn't just any hedgehog; he had the warmest heart in all the woods. Whenever his friends had a problem, Hugo was always the first to help. He believed that no problem was too big or too small if kindness was involved.

Every morning, Hugo would wake up early, stretch his tiny legs, and venture out to see how he could lend a hand—or paw—to his neighbors. From the deer to the rabbits, the birds to the squirrels, everyone knew they could count on Hugo when they were in need.

One sunny day, as Hugo waddled through the forest, he came across a very distressed squirrel named Sally.

"Oh, Hugo! My acorns! I've lost them all! Winter is coming, and I'll have nothing to eat!" Sally squeaked, her tiny paws shaking with worry.

Hugo smiled kindly. "Don't worry, Sally. I'll help you find your acorns." And with that, he set off on the search, checking under every tree and digging through every bush. After a long afternoon, Hugo helped Sally gather her missing acorns, piling them neatly under her favorite oak tree.

"Thank you, Hugo! You're a lifesaver!" Sally beamed, hugging one of her acorns close.

"No problem at all," Hugo replied, his heart swelling with joy. Helping others always made him feel good.

As he continued his walk, Hugo spotted Oliver the Owl, perched high up on a branch, looking down with worry in his wide eyes.

"Hoo! Hoo! Hugo!" Oliver hooted. "My nest is falling apart, and I don't know how to fix it before nightfall."

"Don't worry, Oliver," Hugo called up. "I'll help you!"

Hugo climbed up to the tree with bits of moss, twigs, and leaves. He carefully helped Oliver weave them into his nest until it was snug and secure.

"Thank you, Hugo! You've saved my home!" Oliver said gratefully, giving Hugo a grateful hoot.

"It was my pleasure," Hugo replied, smiling to himself.

The next day, as Hugo was strolling by the stream, he heard a soft whimper. It was Rosie the Rabbit, sitting on a rock, looking very sad.

"Hugo," Rosie sniffled, "the stream's too wide for me to hop across, and I can't get to the other side to visit my family."

Hugo thought for a moment. "Don't worry, Rosie. I have an idea." He found a sturdy log nearby and rolled it over to the edge of the stream, making a small bridge. Rosie hopped across with ease.

"Oh, thank you, Hugo!" she said, her nose twitching happily. "Now I can see my family!"

As the days passed, Hugo continued to help his woodland friends with all sorts of tasks. He helped Freddy the Fox untangle his tail from a thorny bush, he showed the birds where the juiciest berries were, and he even helped some lost ducklings find their way back to the pond.

Everyone in Berrywood Forest knew they could count on Hugo, and they loved him for it. But what Hugo didn't realize was that sometimes, even the kindest of hearts could need a little help, too.

One chilly morning, as the crisp autumn air began to creep into the forest, Hugo set off to gather food for the coming winter. He was busy collecting berries when suddenly, a strong gust of wind blew through the trees, sending the berries flying from his paws. Hugo tried to gather them again, but another gust blew, scattering them even further. The wind was so strong that Hugo stumbled and tumbled into a thorny bush.

"Ouch!" Hugo cried as he tried to free himself from the prickly branches. But the more he wriggled, the more the thorns clung to his spines. He was stuck.

"Oh no," he whispered, looking around. "What am I going to do?"

Hugo called out for help, but the forest was unusually quiet. None of his friends seemed to be around. The sky darkened as clouds rolled in, and Hugo felt a little pang of worry. For the first time, he realized he was in need of help—but no one was there to lend a hand.

As the hours passed and the wind grew colder, Hugo curled up, hoping someone would come by. Just as he was about to give up, he heard a familiar voice.

"Hugo! Hugo, where are you?" It was Sally the Squirrel, scampering down a tree with a worried look on her face.

"I'm here!" Hugo called weakly, his voice muffled by the branches.

Sally rushed over and gasped when she saw Hugo tangled in the bush. "Don't worry, I'll get help!" she promised, dashing off into the forest.

A few moments later, Oliver the Owl swooped down, followed by Rosie the Rabbit, Freddy the Fox, and a whole group of woodland animals. Together, they worked to free Hugo from the prickly bush. Oliver carefully plucked the thorns from Hugo's spines, while Rosie and Freddy helped pull the branches aside.

"Hugo, why didn't you call for help sooner?" Oliver asked, his big owl eyes full of concern.

"I didn't want to bother anyone," Hugo replied, his cheeks turning pink. "I've always been the one helping, and I didn't think anyone would have time for me."

Rosie hopped closer and smiled. "But Hugo, you've helped all of us so much! Of course we want to help you."

Freddy nodded. "Kindness goes both ways, Hugo. When you help others, they'll want to help you in return."

Hugo felt a warm glow in his heart as he realized they were right. His friends had come through for him when he needed them most, just as he had always been there for them.

With Hugo safely out of the bush and the thorny branches cleared away, the animals gathered around him, offering him berries, nuts, and even a soft bed of leaves to rest on.

"Thank you," Hugo said, feeling grateful and happy. "You've all been so kind."

"That's because you've taught us how," Sally said with a smile. "You're our helpful hedgehog, after all!"

From that day on, Hugo learned that asking for help wasn't a sign of weakness, but a sign of friendship. He continued to help his friends whenever they needed it, but now he knew that he, too, could rely on them in return.

And so, in the heart of Berrywood Forest, the helpful hedgehog lived happily among his friends, sharing kindness, laughter, and the warmth of friendship all year round.

El Erizo Ayudador

En el corazón del Bosque Berrywood, vivía un erizo amable y considerado llamado Hugo. Hugo no era un erizo cualquiera; tenía el corazón más cálido de todo el bosque. Siempre que sus amigos tenían un problema, Hugo era el primero en ayudar. Creía que ningún problema era demasiado grande o demasiado pequeño si había bondad de por medio.

Cada mañana, Hugo se despertaba temprano, estiraba sus patitas y se aventuraba a ver cómo podía echar una mano, o mejor dicho, una pata, a sus vecinos. Desde los ciervos hasta los conejos, desde los pájaros hasta las ardillas, todos sabían que podían contar con Hugo cuando estaban en apuros.

Un día soleado, mientras Hugo caminaba por el bosque, se encontró con una ardilla muy angustiada llamada Sally.

"¡Oh, Hugo! ¡Mis bellotas! ¡Las he perdido todas! ¡El invierno se acerca y no tendré nada que comer!" gritó Sally, con sus pequeñas patas temblando de preocupación.

Hugo sonrió amablemente. "No te preocupes, Sally. Te ayudaré a encontrar tus bellotas." Y con eso, comenzó la búsqueda, revisando debajo de cada árbol y cavando entre cada arbusto. Después de una larga tarde, Hugo ayudó a Sally a reunir sus bellotas perdidas, apilándolas ordenadamente bajo su roble favorito.

"¡Gracias, Hugo! ¡Eres un salvador!" exclamó Sally, abrazando una de sus bellotas.

"No hay de qué," respondió Hugo, sintiendo que su corazón se llenaba de alegría. Ayudar a los demás siempre le hacía sentirse bien.

Mientras continuaba su paseo, Hugo vio a Oliver el Búho, posado alto en una rama, mirándolo con preocupación en sus grandes ojos.

"¡Hoo! ¡Hoo! ¡Hugo!" ululó Oliver. "¡Mi nido se está desmoronando y no sé cómo arreglarlo antes de que anochezca!"

"No te preocupes, Oliver," gritó Hugo hacia arriba. "¡Te ayudaré!"

Hugo trepó al árbol con trozos de musgo, ramitas y hojas. Con cuidado, ayudó a Oliver a entrelazarlos en su nido hasta que quedó acogedor y seguro.

"¡Gracias, Hugo! ¡Has salvado mi hogar!" dijo Oliver agradecido, emitiendo un ulular de gratitud.

"Fue un placer," respondió Hugo, sonriendo para sí mismo.

Al día siguiente, mientras Hugo paseaba cerca del arroyo, oyó un suave gemido. Era Rosie la Coneja, sentada en una roca, luciendo muy triste.

"Hugo," sollozó Rosie, "el arroyo es demasiado ancho para que salte y no puedo llegar al otro lado para visitar a mi familia."

Hugo pensó por un momento. "No te preocupes, Rosie. Tengo una idea." Encontró un tronco resistente cerca y lo rodó hasta el borde del arroyo, haciendo un pequeño puente. Rosie saltó al otro lado con facilidad.

"¡Oh, gracias, Hugo!" dijo, con su nariz moviéndose felizmente. "¡Ahora puedo ver a mi familia!"

A medida que pasaban los días, Hugo continuó ayudando a sus amigos del bosque con todo tipo de tareas. Ayudó a Freddy el Zorro a deshacerse de su cola enredada en un arbusto espinoso, mostró a los pájaros dónde estaban las bayas más jugosas e incluso ayudó a unos patitos perdidos a encontrar el camino de regreso al estanque.

Todos en el Bosque Berrywood sabían que podían contar con Hugo, y lo querían por ello. Pero lo que Hugo no se daba cuenta era que, a veces, incluso los corazones más amables podían necesitar un poco de ayuda también.

Una fría mañana, mientras el aire fresco de otoño comenzaba a invadir el bosque, Hugo salió a recolectar comida para el invierno que se acercaba. Estaba ocupado recogiendo bayas cuando, de repente, una fuerte ráfaga de viento sopló a través de los árboles, haciendo que las bayas volaran de sus patas. Hugo intentó recogerlas de nuevo, pero otra ráfaga sopló, dispersándolas aún más. El viento era tan fuerte que Hugo tropezó y cayó en un arbusto espinoso.

"¡Ay!" gritó Hugo mientras intentaba liberarse de las ramas punzantes. Pero cuanto más se retorcía, más se aferraban las espinas a sus púas. Estaba atascado.

"Oh no," susurró, mirando a su alrededor. "¿Qué voy a hacer?"

Hugo llamó pidiendo ayuda, pero el bosque estaba inusualmente silencioso. Ninguno de sus amigos parecía estar cerca. El cielo se oscureció a medida que las nubes se acumulaban, y Hugo sintió una punzada de preocupación. Por primera vez, se dio cuenta de que necesitaba ayuda, pero no había nadie allí para echarle una mano.

A medida que pasaban las horas y el viento se hacía más frío, Hugo se acurrucó, esperando que alguien pasara. Justo cuando estaba a punto de rendirse, oyó una voz familiar.

"¡Hugo! ¡Hugo, dónde estás?" Era Sally la Ardilla, bajando por un árbol con una expresión preocupada en su rostro.

"¡Aquí estoy!" llamó Hugo débilmente, su voz ahogada por las ramas.

Sally se apresuró y se quedó boquiabierta al ver a Hugo enredado en el arbusto. "No te preocupes, ¡buscaré ayuda!" prometió, echando a correr por el bosque.

Unos momentos después, Oliver el Búho se lanzó hacia abajo, seguido por Rosie la Coneja, Freddy el Zorro y un grupo entero de animales del bosque. Juntos, trabajaron para liberar a Hugo del espinoso arbusto. Oliver cuidadosamente sacó las espinas de las púas de Hugo, mientras Rosie y Freddy ayudaban a apartar las ramas.

"Hugo, ¿por qué no pediste ayuda antes?" preguntó Oliver, con sus grandes ojos de búho llenos de preocupación.

"No quería molestar a nadie," respondió Hugo, sintiendo cómo se sonrojaban sus mejillas. "Siempre he sido el que ayuda, y no pensé que nadie tendría tiempo para mí."

Rosie se acercó y sonrió. "Pero Hugo, ¡tú nos has ayudado tanto! Por supuesto que queremos ayudarte."

Freddy asintió. "La bondad va en ambas direcciones, Hugo. Cuando ayudas a los demás, ellos querrán ayudarte a cambio."

Hugo sintió un cálido resplandor en su corazón al darse cuenta de que tenían razón. Sus amigos habían estado allí para él cuando más los necesitaba, así como él siempre había estado allí para ellos.

Con Hugo a salvo fuera del arbusto y las ramas espinosas despejadas, los animales se reunieron a su alrededor, ofreciéndole bayas, nueces e incluso una suave cama de hojas para descansar.

"Gracias," dijo Hugo, sintiéndose agradecido y feliz. "Todos han sido tan amables."

"Eso es porque nos has enseñado cómo serlo," dijo Sally con una sonrisa. "¡Eres nuestro erizo ayudador, después de todo!"

Desde ese día, Hugo aprendió que pedir ayuda no era un signo de debilidad, sino un signo de amistad. Continuó ayudando a sus amigos siempre que lo necesitaban, pero ahora sabía que él también podía contar con ellos a cambio.

Y así, en el corazón del Bosque Berrywood, el erizo ayudador vivía feliz entre sus amigos, compartiendo bondad, risas y la calidez de la amistad durante todo el año.

The Cloud Collector

In a small, quiet village nestled between the hills and the sea, there lived a young girl named Clara. Clara had a gift—a gift like no other. She could collect clouds.

It all started one breezy afternoon. Clara sat on a hill overlooking the village, watching the clouds drift lazily across the sky. Some were shaped like ships sailing across the ocean, others like great castles in the air. Clara wished she could hold onto them, keep them with her forever.

Suddenly, a gust of wind blew past, carrying with it a wisp of cloud, light and soft as a feather. Clara reached out her hand, and to her surprise, the cloud stayed. It floated gently above her palm. In awe, she pulled an empty glass jar from her satchel—she always carried jars with her, just in case she found a pretty rock or an interesting shell. Gently, she guided the cloud into the jar, and it swirled around inside, like mist trapped in a bottle.

That day, Clara discovered her ability to collect clouds, and from then on, it became her passion.

Each day after school, Clara would climb the hills, carrying a basket full of glass jars. She would sit quietly and wait for the clouds to come by. Whenever she saw a particularly lovely one—a cloud shaped like a dragon, a cloud that looked like a swan—she would catch it in her jar. She was always careful, making sure to collect only the ones that seemed ready to be held.

Clara's room became a gallery of clouds. Her shelves were filled with jars of every size, each one holding a different cloud shape. There were clouds that resembled unicorns, birds, and even forests of tall trees. She would spend hours gazing at them, rearranging them, and sometimes, she'd open a jar just a little to let the cloud shift and breathe.

Her favorite was a cloud shaped like a giant whale. Its soft, billowy body seemed to swim through the air inside the jar, its tail gracefully flicking from side to side.

But despite the beauty of her collection, Clara began to notice something strange. The clouds, once so bright and full of life, started to fade. The swan cloud no longer looked like a swan—it had shrunk into a small, shapeless puff. The dragon, once fierce and magnificent, had lost its fiery form, becoming no more than a wisp of fog.

Clara was heartbroken. She wanted to hold onto the beauty she had captured, but no matter how carefully she cared for her clouds, they seemed to lose their magic over time.

One afternoon, Clara sat on her hill, watching the sky. Her basket of jars sat beside her, but she didn't feel like collecting any more clouds. She wondered if there was something she could do to make her clouds stay beautiful forever.

As she pondered, an old man appeared at the base of the hill. He was the village storyteller, a kind and wise figure who often shared tales of faraway lands and ancient magic. Seeing Clara sitting quietly, he made his way up the hill and sat beside her.

"What's troubling you, Clara?" he asked gently, noticing her downcast expression.

Clara sighed and pointed to the sky. "I've been collecting clouds," she said. "They're so beautiful, and I wanted to keep them. But no matter how hard I try, they fade. I can't make them stay the way they were."

The old man smiled softly. "Ah, clouds. They are beautiful, aren't they? But clouds, like many things in life, are meant to change. They shift, they drift, and eventually, they disappear. Holding onto them too tightly—well, that only makes them fade faster."

"But I don't want to lose them," Clara said, her voice small.

The storyteller nodded. "I understand. But sometimes, the beauty of something isn't in holding onto it, but in letting it go. The clouds, just like moments in life, are fleeting. If you try to keep them forever, you miss the joy of seeing them change and move on."

Clara thought about his words. She had been so focused on keeping the clouds that she hadn't thought about what they might want—to be free, to dance across the sky, to change shape and form as they pleased.

The next day, Clara returned to the hill, her basket of jars in hand. But this time, instead of collecting the clouds, she opened the jars one by one. Slowly, she let each cloud slip out, watching as they rose into the sky, returning to their natural place among the winds.

The swan cloud stretched its wings once more and flew across the sky, the dragon let out a great puff of cloud-breath before disappearing into the horizon, and even the whale cloud returned to its majestic form, swimming high above.

As Clara let each cloud go, she felt a sense of peace. She realized that the beauty of the clouds wasn't just in keeping them—it was in watching them float freely, in knowing that they would always be there, part of the ever-changing sky.

From that day on, Clara became known as the "Cloud Watcher" instead of the "Cloud Collector." She would still climb her hill every afternoon, but now she watched the clouds with new eyes. She appreciated each one as it passed by, knowing that it was special not because she could hold onto it, but because it was free to move and change as it pleased.

Sometimes, a cloud would drift close, and Clara would reach out her hand, catching it for just a moment before letting it go again. And in that moment, she felt the beauty of the world around her, in its fleeting, ever-changing forms.

Clara had learned that some things were too beautiful to keep, and that the true magic was in appreciating them while they lasted—and then letting them go.

La Coleccionista de Nubes

En un pequeño y tranquilo pueblo situado entre las colinas y el mar, vivía una niña llamada Clara. Clara tenía un don—un don como ningún otro. Ella podía coleccionar nubes.

Todo comenzó una tarde de brisa. Clara se sentó en una colina con vistas al pueblo, observando cómo las nubes se deslizaban perezosamente por el cielo. Algunas tenían la forma de barcos navegando por el océano, otras parecían grandes castillos en el aire. Clara deseaba poder aferrarse a ellas, mantenerlas a su lado para siempre.

De repente, una ráfaga de viento sopló, llevando consigo un mechón de nube, ligero y suave como una pluma. Clara extendió su mano, y para su sorpresa, la nube se quedó. Flotó suavemente sobre su palma. Asombrada, sacó un frasco de vidrio vacío de su mochila—siempre llevaba frascos con ella, por si encontraba una piedra bonita o una concha interesante. Con cuidado, guió la nube hacia el frasco, y esta giró en su interior, como la niebla atrapada en una botella.

Ese día, Clara descubrió su habilidad para coleccionar nubes, y desde entonces, se convirtió en su pasión.

Cada día después de la escuela, Clara subía las colinas, llevando una canasta llena de frascos de vidrio. Se sentaba en silencio y esperaba a que las nubes pasaran. Siempre que veía una especialmente hermosa—una nube en forma de dragón, una nube que se asemejaba a un cisne—la atrapaba en su frasco. Siempre tenía cuidado, asegurándose de coleccionar solo las que parecían listas para ser sostenidas.

La habitación de Clara se convirtió en una galería de nubes. Sus estanterías estaban llenas de frascos de todos los tamaños, cada uno conteniendo una forma diferente de nube. Había nubes que parecían unicornios, pájaros e incluso bosques de altos árboles. Pasaba horas mirándolas, reorganizándolas, y a veces, abría un frasco un poco para dejar que la nube se moviera y respirara.

Su favorita era una nube en forma de ballena gigante. Su cuerpo suave y hinchado parecía nadar por el aire dentro del frasco, su cola moviéndose con gracia de lado a lado.

Pero a pesar de la belleza de su colección, Clara comenzó a notar algo extraño. Las nubes, que antes eran tan brillantes y llenas de vida, empezaron a desvanecerse. La nube cisne ya no parecía un cisne; se había encogido en un pequeño bulto sin forma. El dragón, una vez feroz y magnífico, había perdido su forma ardiente, convirtiéndose en no más que una bruma de niebla.

Clara estaba desolada. Quería aferrarse a la belleza que había capturado, pero no importaba cuánto cuidara de sus nubes, parecían perder su magia con el tiempo.

Una tarde, Clara se sentó en su colina, mirando el cielo. Su canasta de frascos estaba a su lado, pero no tenía ganas de coleccionar más nubes. Se preguntaba si había algo que pudiera hacer para que sus nubes se mantuvieran hermosas para siempre.

Mientras meditaba, un anciano apareció a la base de la colina. Era el narrador de cuentos del pueblo, una figura amable y sabia que a menudo compartía relatos de tierras lejanas y magia antigua. Al ver a Clara sentada en silencio, subió la colina y se sentó a su lado.

"¿Qué te preocupa, Clara?" preguntó suavemente, notando su expresión abatida.

Clara suspiró y señaló al cielo. "He estado coleccionando nubes," dijo. "Son tan hermosas, y quería quedármelas. Pero no importa cuánto lo intente, se desvanecen. No puedo hacer que se queden como eran."

El anciano sonrió suavemente. "Ah, las nubes. Son hermosas, ¿verdad? Pero las nubes, como muchas cosas en la vida, están destinadas a cambiar. Se mueven, flotan y, eventualmente, desaparecen. Aferrarse a ellas demasiado fuerte—bueno, eso solo hace que se desvanezcan más rápido."

"Pero no quiero perderlas," dijo Clara, con la voz pequeña.

El narrador asintió. "Lo entiendo. Pero a veces, la belleza de algo no está en aferrarse a ello, sino en dejarlo ir. Las nubes, al igual que los momentos en la vida, son efímeras. Si intentas mantenerlas para siempre, te pierdes la alegría de verlas cambiar y avanzar."

Clara pensó en sus palabras. Se había enfocado tanto en conservar las nubes que no había pensado en lo que ellas podrían desear—ser libres, danzar por el cielo, cambiar de forma y figura a su antojo.

Al día siguiente, Clara regresó a la colina, con su canasta de frascos en mano. Pero esta vez, en lugar de coleccionar nubes, abrió los frascos uno por uno. Lentamente, dejó que cada nube saliera, observando cómo se elevaban hacia el cielo, regresando a su lugar natural entre los vientos.

La nube cisne extendió sus alas una vez más y voló por el cielo, el dragón dejó escapar un gran suspiro de nube antes de desaparecer en el horizonte, e incluso la nube ballena regresó a su majestuosa forma, nadando alto arriba.

Mientras Clara dejaba ir cada nube, sintió una sensación de paz. Se dio cuenta de que la belleza de las nubes no estaba solo en conservarlas—era en verlas flotar libremente, en saber que siempre estarían ahí, parte del cielo en constante cambio.

Desde ese día, Clara se conoció como la "Observadora de Nubes" en lugar de la "Coleccionista de Nubes." Aún subía su colina cada tarde, pero ahora miraba las nubes con nuevos ojos. Apreciaba cada una mientras pasaba, sabiendo que era especial no porque pudiera aferrarse a ella, sino porque era libre de moverse y cambiar a su antojo.

A veces, una nube se acercaba, y Clara extendía su mano, atrapándola solo por un momento antes de dejarla ir nuevamente. Y en ese instante, sentía la belleza del mundo que la rodeaba, en sus formas efímeras y siempre cambiantes.

Clara había aprendido que algunas cosas eran demasiado hermosas para conservarlas, y que la verdadera magia estaba en apreciarlas mientras duraban—y luego dejarlas ir.

The Secret Life of a Biscuit Tin

Billy had always loved biscuits. Crunchy, crumbly, chocolatey biscuits. His favorite was the biscuit tin his grandmother had gifted him. It wasn't just an ordinary tin—it was decorated with colorful illustrations of knights, dragons, and castles. The tin made a soft jingling noise whenever it was opened, as if it held a secret. And in a way, it did.

Every evening before bed, Billy would sneak a couple of biscuits from the tin—sometimes a buttery shortbread, sometimes a gooey chocolate chip. But one night, something incredible happened. As Billy lay in bed, he heard the faintest of sounds coming from his desk where the biscuit tin sat. It was a soft clattering, followed by tiny voices.

Rubbing his eyes in disbelief, Billy crept out of bed and tiptoed over to the tin. He peered inside, and what he saw made his jaw drop.

The biscuits were alive!

Inside the tin, a chocolate digestive was leading an animated discussion with a ginger nut. A jammy dodger was flipping cartwheels, and a custard cream was polishing its golden top, admiring its reflection in the shiny tin surface.

Billy blinked in disbelief. "This can't be real," he whispered, but the biscuits didn't seem to notice him.

"I say we must act quickly," the chocolate digestive was saying, his voice full of urgency. "The baker is planning something wicked, and if we don't stop him, he'll steal every magic biscuit in the world!"

The ginger nut nodded vigorously. "Indeed! We need a hero! Someone brave enough to lead us on this quest!"

Billy couldn't stay silent anymore. "I'll help!" he burst out.

All the biscuits froze, staring up at him with wide, round eyes. Then, the chocolate digestive puffed up his chest. "Well, what do we have here? A boy! Do you really think you can help us stop the Greedy Baker?"

Billy knelt down by the tin, his heart pounding with excitement. "Of course I can! What's going on?"

The chocolate digestive sighed dramatically. "You see, young lad, we're not just ordinary biscuits. We are magic biscuits! We come from a land called Biscuitville, where every biscuit is baked with a touch of magic. But there's a villainous baker—Baker Grizzle—who wants to steal all the magic from Biscuitville's biscuits so that he can sell them for a fortune."

The jammy dodger, still doing cartwheels, stopped to add, "If he succeeds, there will be no more magic biscuits left in the world! Only boring, stale biscuits will remain. We need to stop him!"

Billy's eyes widened. "We can't let that happen! But how do we stop him?"

The custard cream, now looking quite polished, climbed to the top of the tin. "There's only one way! We need to go on a quest to retrieve the Golden Rolling Pin, the only object powerful enough to defeat Baker Grizzle. And it's hidden in the deepest part of Biscuitville."

Billy looked at the biscuits, feeling both excited and a little nervous. "Alright, let's go! How do we get to Biscuitville?"

The biscuits huddled together for a moment, whispering among themselves. Then, the chocolate digestive spoke up. "All you need to do is close your eyes and say these words: 'Crumbly, crunchy, sweet delight, take us to Biscuitville tonight!'"

Billy grinned, closed his eyes, and repeated the magical phrase.

In an instant, the room around him swirled, and the next thing Billy knew, he was standing in the middle of a bustling, sugary wonderland. This was Biscuitville!

The streets were paved with shortbread, the trees were made of candy canes, and the sky was a soft swirl of pink like cotton candy clouds. Everywhere he looked, biscuits of all kinds were going about their day—some riding tiny gingerbread horses, others sipping tea in biscuit cafes. It was a world like no other.

But amidst the sweetness, there was a shadow of worry. Posters of Baker Grizzle, a plump man with a sneering face and a tall chef's hat, were plastered all over the walls. "WANTED: BAKER GRIZZLE," the posters read. "For stealing the magic of Biscuitville."

"Come on!" the chocolate digestive said, taking the lead. "We have no time to waste. The Golden Rolling Pin is hidden in the Tower of Crumbs, far across the Biscuit Plains."

The journey was long, but Billy and his biscuit companions pressed on. They crossed rivers of milk and climbed mountains made of cake. At one point, they had to dodge a gang of sticky toffees, who tried to trap them in their gooey mess. But with Billy's quick thinking and the jammy dodger's cartwheeling skills, they escaped unscathed.

Finally, they reached the Tower of Crumbs. It was tall and looming, made entirely of crumbling biscuit bricks. At the top, the Golden Rolling Pin gleamed, casting a soft, golden light over the land.

Just as they were about to claim the pin, a loud, menacing voice echoed through the tower. "Not so fast!"

It was Baker Grizzle.

He appeared in a puff of flour, his eyes narrowed and his hands clutching a bag of magic biscuit dust. "You think you can stop me? I'm the greatest baker in the world! With this magic, I'll be unstoppable!"

But Billy wasn't afraid. "You can't steal the magic of Biscuitville, Grizzle! The magic belongs to everyone!"

The biscuits rallied behind him, and together, they hatched a plan. While the ginger nut distracted Grizzle with some expert biscuit-juggling, the chocolate digestive and Billy climbed the tower to retrieve the Golden Rolling Pin.

With the pin in hand, Billy pointed it at Baker Grizzle. "It's time for you to go, Grizzle!" he shouted.

A golden beam of light shot out from the rolling pin, wrapping around the greedy baker. Grizzle shrieked as the magic whisked him away, banishing him from Biscuitville forever.

The biscuits cheered, their magic restored. The streets sparkled with renewed life, and Biscuitville was safe once again.

That night, back in his room, Billy tucked the biscuit tin under his bed with a smile. The biscuits had returned to their tin, but their adventures weren't over. He knew that every night, they would continue to have their grand escapades.

And as for Billy, he had learned that standing up for what's right—whether in Biscuitville or the real world—was the greatest adventure of all.

La Vida Secreta de una Lata de Galletas

Billy siempre había amado las galletas. Galletas crujientes, desmenuzables, y de chocolate. Su favorita era la lata de galletas que su abuela le había regalado. No era una lata ordinaria; estaba decorada con ilustraciones coloridas de caballeros, dragones y castillos. La lata hacía un suave sonido de tintineo cada vez que se abría, como si guardara un secreto. Y de alguna manera, así era.

Cada noche, antes de acostarse, Billy se escabullía para tomar un par de galletas de la lata—a veces un dulce shortbread, a veces una pegajosa galleta de chocolate. Pero una noche, sucedió algo increíble. Mientras Billy yacía en la cama, oyó el más leve de los sonidos proveniente de su escritorio, donde estaba la lata de galletas. Era un suave repiqueteo, seguido de voces diminutas.

Frotándose los ojos con incredulidad, Billy salió de la cama y se acercó sigilosamente a la lata. Miró dentro y lo que vio le dejó la mandíbula caída.

¡Las galletas estaban vivas!

Dentro de la lata, una galleta de chocolate estaba liderando una animada discusión con una galleta de jengibre. Una galleta de mermelada hacía volteretas, y una galleta de crema estaba pulido su dorada parte superior, admirando su reflejo en la superficie brillante de la lata.

Billy parpadeó, incrédulo. "Esto no puede ser real," susurró, pero las galletas parecían no notarlo.

"¡Debemos actuar rápidamente!" decía la galleta de chocolate, con voz llena de urgencia. "¡El panadero está planeando algo malvado, y si no lo detenemos, robará todas las galletas mágicas del mundo!"

La galleta de jengibre asintió vigorosamente. "¡Ciertamente! ¡Necesitamos un héroe! ¡Alguien lo suficientemente valiente para guiarnos en esta misión!"

Billy no pudo quedarse en silencio más tiempo. "¡Yo ayudaré!" exclamó.

Todas las galletas se congelaron, mirándolo con ojos redondos y abiertos. Entonces, la galleta de chocolate infló su pecho. "Bueno, ¿qué tenemos aquí? ¡Un niño! ¿De verdad crees que puedes ayudarnos a detener al Panadero Codicioso?"

Billy se arrodilló junto a la lata, con el corazón latiendo de emoción. "¡Por supuesto que puedo! ¿Qué está pasando?"

La galleta de chocolate suspiró dramáticamente. "Verás, joven, no somos solo galletas ordinarias. ¡Somos galletas mágicas! Venimos de un lugar llamado Galletalandia, donde cada galleta se hornea con un toque de magia. Pero hay un panadero villano—el Panadero Grizzle—que quiere robar toda la magia de las galletas de Galletalandia para poder venderlas por una fortuna."

La galleta de mermelada, todavía haciendo volteretas, se detuvo para añadir, "Si él tiene éxito, ¡no quedarán más galletas mágicas en el mundo! Solo quedarán galletas aburridas y rancias. ¡Debemos detenerlo!"

Los ojos de Billy se abrieron de par en par. "¡No podemos permitir que eso suceda! Pero, ¿cómo lo detenemos?"

La galleta de crema, ahora luciendo bastante pulida, subió a la parte superior de la lata. "¡Solo hay una manera! Necesitamos embarcarnos en una misión para recuperar el Rodillo de Oro, el único objeto lo suficientemente poderoso para derrotar al Panadero Grizzle. Y está escondido en la parte más profunda de Galletalandia."

Billy miró a las galletas, sintiéndose emocionado y un poco nervioso. "¡Está bien, vamos! ¿Cómo llegamos a Galletalandia?"

Las galletas se agruparon por un momento, susurrando entre sí. Entonces, la galleta de chocolate habló. "Todo lo que necesitas hacer es cerrar los ojos y decir estas palabras: 'Crujiente, quebradizo, dulce deleite, llévanos a Galletalandia esta noche!'"

Billy sonrió, cerró los ojos y repitió la frase mágica.

En un instante, la habitación a su alrededor se arremolinó, y lo siguiente que supo Billy fue que estaba de pie en medio de un bullicioso y azucarado país de maravillas. ¡Esto era Galletalandia!

Las calles estaban pavimentadas con galletas de mantequilla, los árboles eran de cañas de azúcar, y el cielo era un suave remolino de rosa, como nubes de algodón de azúcar. En todas partes, galletas de todo tipo llevaban a cabo su día—algunas montando pequeños caballos de jengibre, otras tomando té en cafés de galletas. Era un mundo como ningún otro.

Pero en medio de la dulzura, había una sombra de preocupación. Carteles del Panadero Grizzle, un hombre corpulento con una cara burlona y un alto sombrero de chef, estaban pegados en todas las paredes. "SE BUSCA: PANADERO GRIZZLE," decían los carteles. "Por robar la magia de Galletalandia."

"¡Vamos!" dijo la galleta de chocolate, tomando la delantera. "No tenemos tiempo que perder. El Rodillo de Oro está escondido en la Torre de Migajas, lejos, al otro lado de las Llanuras de Galletas."

El viaje fue largo, pero Billy y sus compañeros galletas siguieron adelante. Cruzaron ríos de leche y escalaron montañas hechas de pastel. En un momento, tuvieron que esquivar a una pandilla de toffees pegajosos, que intentaron atraparlos en su pegajoso lío. Pero con el rápido pensamiento de Billy y las habilidades acrobáticas de la galleta de mermelada, escaparon ilesos.

Finalmente, llegaron a la Torre de Migajas. Era alta y imponente, hecha completamente de ladrillos de galleta que se desmoronaban. En la parte superior, el Rodillo de Oro brillaba, proyectando una suave luz dorada sobre la tierra.

Justo cuando estaban a punto de reclamar el rodillo, una voz fuerte y amenazante resonó por toda la torre. "¡No tan rápido!"

Era el Panadero Grizzle.

Apareció en una nube de harina, con los ojos entrecerrados y las manos aferradas a una bolsa de polvo de galleta mágica. "¿Creen que pueden detenerme? ¡Soy el mejor panadero del mundo! ¡Con esta magia, seré imparable!"

Pero Billy no tenía miedo. "¡No puedes robar la magia de Galletalandia, Grizzle! ¡La magia le pertenece a todos!"

Las galletas se agruparon detrás de él, y juntos tramaron un plan. Mientras la galleta de jengibre distraía a Grizzle con un experto malabarismo de galletas, la galleta de chocolate y Billy escalaron la torre para recuperar el Rodillo de Oro.

Con el rodillo en la mano, Billy lo apuntó hacia el Panadero Grizzle. "¡Es hora de que te vayas, Grizzle!" gritó.

Un rayo de luz dorada salió del rodillo, envolviendo al panadero codicioso. Grizzle gritó mientras la magia lo llevaba lejos, desterrándolo de Galletalandia para siempre.

Las galletas vitorearon, su magia restaurada. Las calles brillaban con nueva vida, y Galletalandia estaba a salvo una vez más.

Esa noche, de regreso en su habitación, Billy guardó la lata de galletas debajo de su cama con una sonrisa. Las galletas habían regresado a su lata, pero sus aventuras no habían terminado. Sabía que cada noche continuarían teniendo sus grandiosas escapadas.

Y en cuanto a Billy, había aprendido que defender lo que es correcto—ya sea en Galletalandia o en el mundo real—era la mayor aventura de todas.

The Adventures of Captain Coco and the Chocolate Pirates

Lucas loved chocolate more than anything. Dark, milky, or filled with caramel—he didn't care. So, when he unwrapped his favorite chocolate bar one afternoon and found something unusual inside, he could hardly believe his eyes. There, tucked in the wrapper, was a crumpled old treasure map!

The map showed the way to a place Lucas had never heard of: Chocotopia, a hidden island where chocolate pirates roamed, and treasure waited to be found. Lucas' heart raced with excitement. Without a second thought, he grabbed his backpack and set off on the adventure of a lifetime.

After following the map through twisting forests and across bubbling rivers of chocolate, Lucas finally reached the shore. There, docked by the beach, was the most incredible ship he had ever seen—a pirate ship made entirely of dark chocolate, with sails of spun sugar that shimmered in the sunlight.

As Lucas approached, a loud voice boomed from the deck. "Ahoy there, matey! Who dares to board the great *Chocolate Ship*?"

Lucas looked up and saw a short, round pirate standing at the ship's bow. He wore a pirate hat slightly too big for his head, and his coat was dusted with cocoa powder. This was Captain Coco, the brave but slightly clumsy leader of the Chocolate Pirates.

"I'm Lucas," he called out. "I found a treasure map in my chocolate bar, and it led me here!"

Captain Coco's eyes widened. "A treasure map, you say? Well, welcome aboard, lad! We could use some extra hands. We've got puzzles to solve and traps to avoid if we're ever going to find the legendary Chocolate Crown!"

Lucas climbed aboard and was introduced to the rest of the crew: Jellybean, the navigator who was always snacking on candy, and Marshmallow, the lookout who loved to sing sea shanties.

As the ship sailed toward Chocotopia, the adventure began. The Chocolate Pirates weren't just an ordinary crew; they were a lively, mischievous bunch who loved nothing more than causing a bit of chaos.

Their first challenge came when they entered the Chocolate Maze—a tangled web of chocolate hedges and candy walls. Lucas and Jellybean worked together, solving riddles written on licorice signs and untying the sugary vines that blocked their way.

Just when they thought they were free, they encountered the Melting Bridge. Captain Coco led the way, but being a little too eager, he slipped and fell, landing with a *splat* in a pool of warm chocolate. Lucas and the others quickly pulled him out before the bridge melted completely. "No more running ahead, Captain," Lucas laughed.

But their biggest challenge was yet to come. When they reached the island's heart, there it was—the majestic Castle of Caramel, where the Chocolate Crown was said to be hidden. But standing in their way was the sneaky villain Señor Fudge.

Señor Fudge was a menacing figure, with a cape made of thick, dark chocolate and a sneer that could make even the bravest pirate shiver. He had already stolen much of Chocotopia's magic, and now he wanted the crown for himself.

"I knew someone would come for the crown," Señor Fudge growled as they approached. "But you'll never stop me! With this crown, I'll have all the magic, and there will be no more fun or sweetness left in Chocotopia!"

Lucas stepped forward, his heart pounding. "You can't steal the magic, Señor Fudge! The magic of Chocotopia belongs to everyone!"

Captain Coco nodded. "That's right, you chocolate thief! We won't let you take it!"

Señor Fudge laughed, a deep, chocolatey rumble. "You think you can stop me, little boy?"

Lucas took a deep breath and whispered to Captain Coco, "I have an idea." With quick thinking, Lucas grabbed a handful of jellybeans from Jellybean's pouch and tossed them toward Señor Fudge's feet. The sticky candies stuck to his boots, slowing him down as he tried to move.

While Señor Fudge struggled to free himself, Marshmallow swung from a caramel rope, knocking the villain off balance. "Now, Captain, get the crown!" Lucas shouted.

Captain Coco dashed into the castle with Lucas by his side. They climbed the caramel-coated stairs to the highest tower where the Chocolate Crown glowed with a magical light. Lucas grabbed the crown just as Señor Fudge appeared at the door.

But it was too late. Lucas placed the crown on Captain Coco's head, and a brilliant golden light burst from the crown, filling the room. Señor Fudge howled in defeat as the light banished him from Chocotopia forever.

With the villain gone, the Chocolate Pirates cheered, and the island was restored to its sugary splendor. The rivers of chocolate flowed again, the candy cane trees sparkled, and the biscuits danced with joy. The Chocolate Crown had returned, and with it, peace came back to Chocotopia.

As the sun set, Captain Coco turned to Lucas. "You've been a great pirate, lad. If you ever find another treasure map, you know where to find us."

Lucas grinned, tucking the map into his pocket. "I'll be back, Captain Coco. There's no adventure like one with the Chocolate Pirates."

That night, back home, Lucas lay in bed, dreaming of chocolate seas and caramel castles. He knew that the adventures in Chocotopia were far from over—and he couldn't wait for the next one.

Las Aventuras del Capitán Coco y los Piratas de Chocolate

———

A Lucas le encantaba el chocolate más que nada en el mundo. Ya fuera oscuro, con leche o relleno de caramelo, no le importaba. Así que, cuando una tarde abrió su barra de chocolate favorita y encontró algo inusual dentro, apenas podía creer lo que veía. Allí, escondido en el envoltorio, había un viejo y arrugado mapa del tesoro.

El mapa mostraba el camino hacia un lugar del que Lucas nunca había oído hablar: Chocotopía, una isla oculta donde los piratas de chocolate vagaban y el tesoro esperaba ser encontrado. El corazón de Lucas se llenó de emoción. Sin pensarlo dos veces, agarró su mochila y se embarcó en la aventura de su vida.

Después de seguir el mapa a través de bosques retorcidos y ríos burbujeantes de chocolate, Lucas finalmente llegó a la costa. Allí, atracado en la playa, vio el barco más increíble que jamás había visto: un barco pirata hecho enteramente de chocolate oscuro, con velas de azúcar hilado que brillaban bajo el sol.

Mientras Lucas se acercaba, una voz fuerte resonó desde la cubierta. "¡Ahoy, grumete! ¿Quién se atreve a abordar el gran *Barco de Chocolate*?"

Lucas miró hacia arriba y vio a un pirata bajo y redondo de pie en la proa del barco. Llevaba un sombrero pirata un poco grande para su cabeza y su abrigo estaba cubierto de polvo de cacao. Este era el Capitán Coco, el valiente pero un tanto torpe líder de los Piratas de Chocolate.

"Soy Lucas", gritó. "¡Encontré un mapa del tesoro en mi barra de chocolate, y me llevó hasta aquí!"

Los ojos del Capitán Coco se abrieron de par en par. "¿Un mapa del tesoro, dices? ¡Bienvenido a bordo, muchacho! Nos vendrían bien unas manos extra. Tenemos acertijos que resolver y trampas que evitar si queremos encontrar la legendaria Corona de Chocolate".

Lucas subió a bordo y fue presentado al resto de la tripulación: Jellybean, el navegante que siempre estaba comiendo caramelos, y Marshmallow, el vigía que amaba cantar canciones de marineros.

Mientras el barco navegaba hacia Chocotopía, la aventura comenzó. Los Piratas de Chocolate no eran una tripulación cualquiera; eran un grupo animado y travieso que disfrutaba causando un poco de caos.

El primer desafío llegó cuando entraron en el Laberinto de Chocolate, una enredada red de setos de chocolate y muros de caramelo. Lucas y Jellybean trabajaron juntos, resolviendo acertijos escritos en letreros de regaliz y desatando las enredaderas azucaradas que bloqueaban su camino.

Justo cuando pensaban que estaban libres, se encontraron con el Puente Derretido. El Capitán Coco lideró el camino, pero siendo un poco demasiado entusiasta, resbaló y cayó con un *chapoteo* en una piscina de chocolate caliente. Lucas y los demás lo sacaron rápidamente antes de que el puente se derritiera por completo. "No más correr adelante, Capitán", se rió Lucas.

Pero el mayor desafío aún estaba por venir. Cuando llegaron al corazón de la isla, allí estaba: el majestuoso Castillo de Caramelo, donde se decía que estaba escondida la Corona de Chocolate. Pero bloqueando su camino estaba el astuto villano, Señor Fudge.

El Señor Fudge era una figura amenazante, con una capa hecha de grueso chocolate oscuro y una mueca que podía hacer temblar hasta al pirata más valiente. Ya había robado gran parte de la magia de Chocotopía, y ahora quería la corona para sí mismo.

"Sabía que alguien vendría por la corona", gruñó el Señor Fudge mientras se acercaban. "¡Pero nunca me detendrán! Con esta corona, tendré toda la magia, y ya no habrá más diversión ni dulzura en Chocotopía".

Lucas dio un paso adelante, con el corazón acelerado. "¡No puedes robar la magia, Señor Fudge! La magia de Chocotopía pertenece a todos".

El Capitán Coco asintió. "¡Eso es, ladrón de chocolate! No te dejaremos tomarla".

El Señor Fudge rió, un profundo y chocolateado rugido. "¿Crees que puedes detenerme, pequeño niño?"

Lucas respiró hondo y susurró al Capitán Coco, "Tengo una idea". Con un rápido movimiento, Lucas agarró un puñado de caramelos de goma del bolsillo de Jellybean y los arrojó a los pies del Señor Fudge. Los pegajosos caramelos se adhirieron a sus botas, ralentizándolo mientras intentaba moverse.

Mientras el Señor Fudge luchaba por liberarse, Marshmallow se balanceó desde una cuerda de caramelo, derribando al villano. "¡Ahora, Capitán, consigue la corona!", gritó Lucas.

El Capitán Coco corrió hacia el castillo con Lucas a su lado. Subieron las escaleras cubiertas de caramelo hasta la torre más alta, donde la Corona de Chocolate brillaba con una luz mágica. Lucas tomó la corona justo cuando el Señor Fudge apareció en la puerta.

Pero ya era demasiado tarde. Lucas colocó la corona en la cabeza del Capitán Coco, y una brillante luz dorada estalló desde la corona, llenando la habitación. El Señor Fudge aulló en derrota mientras la luz lo expulsaba de Chocotopía para siempre.

Con el villano fuera de escena, los Piratas de Chocolate celebraron, y la isla fue restaurada a su esplendor azucarado. Los ríos de chocolate volvieron a fluir, los árboles de bastones de caramelo brillaban, y las galletas bailaban de alegría. La Corona de Chocolate había regresado, y con ella, la paz volvió a Chocotopía.

Al caer el sol, el Capitán Coco se volvió hacia Lucas. "Has sido un gran pirata, muchacho. Si alguna vez encuentras otro mapa del tesoro, ya sabes dónde encontrarnos".

Lucas sonrió, guardando el mapa en su bolsillo. "Volveré, Capitán Coco. No hay aventura como una con los Piratas de Chocolate".

Esa noche, de vuelta en casa, Lucas se acostó soñando con mares de chocolate y castillos de caramelo. Sabía que las aventuras en Chocotopía estaban lejos de haber terminado, y no podía esperar para la próxima.

9 798227 744012